Meditationer från Ailas värld

12 meditationer från min starka resa

kanaliserade av

Aila Lundquist

www.ailasworld.com
Förlag och tryck: BoD
ISBN: 978-91-7569-049-0

Foto på omslag, framsida: Richard Jenders

Foto på omslag, baksida: Aila Lundquist (Ailas kraftplats)

Innehållsförteckning

Inledning

Jag vill gärna göra en liten presentation av mig själv.

Men först av allt, vill jag tacka Dig, för att du har köpt min bok. Det gläder mig oerhört mycket.

Nu skall jag försöka göra en liten sammanfattning av vem jag är.

Aila heter jag, men det är inte mitt dopnamn utan mitt kraftnamn, som jag har fått senare i livet.

Jag har alltid känt av den andra sidan, sett och hört saker, som jag senare förstod att alla inte var medvetna om. Och det har inte varit så lätt alla gånger. Men, jag försökte att foga mig in i den "vanliga" världen och vara som "alla andra". Tänkte ju att det var mig det var fel på.

Jag växte upp, träffade min man och vi fick tre underbara barn ihop. Men, fortfarande hade jag en gnagande känsla av något som fattades.

Under hela mitt liv har jag varit intresserad av det andliga, meditationer och den andra sidan.

Sedan kom kristaller och oljor in i mitt liv.

Jag har fått se och höra mycket från andevärlden.

Jag fortsatte mitt sökande med olika kurser.

Till sist mådde jag så dåligt, att jag fick massor av sjukdomar och även depressioner. Visste till sist inte hur jag skulle hantera det, jag ville bara dö.

Men, min vändning blev, när jag åkte på semester med mina väninnor. Då råkade jag ut för en tågolycka i Rom. När jag skulle gå av tåget, så fastnade mitt ena ben mellan tåget och perrongen. Jag satt fast som i ett vakuum. Det sista jag kommer ihåg, var att en kille höll på att trilla över mig, när jag sjönk ner. Fick hans knä i mitt högra skulderblad. Tåget var ju proppfullt av passagerare, det fanns knappast någon ståplats. Ni som åkt tåg i Italien, vet hur det kan vara.

Nåväl. Där lämnade jag min kropp och jag var så lättad och glad och tänkte –ÄNTLIGEN! Men, ack nej, så lätt var det ju inte.

Jag träffade en stor vit ängel, som var så fylld av kärlek. Jag har aldrig träffat dess like. Där var fler änglar runt mig och vita fina energier överallt.

Men, det var denna stora kärleksfulla ängel som berättade för mig att jag tyvärr inte fick stanna kvar här. Du måste tillbaka, för du har något helt annat att göra. En helt annan uppgift på jorden, innan du får komma tillbaka.

6

Jag har aldrig känt mig så besviken och ledsen någon gång i hela mitt liv. Det är där på stationen i Rom som jag kom tillbaka till livet. Jag kommer så väl ihåg mitt första andetag, i mitt nya liv.

Det var en ung kille som stod bakom mig, som hade sina armar runt mig. Massor av människor hade dragit och slitit i mig, för att få loss mig från spåret.

JAG ÄR SÅ TACKSAM FÖR DENNA OLYCKA!

EFTERMIDDAGEN DEN 16/3 2008.

Givetvis fick jag stora skador efter olyckan. Jag har nerv och muskelskador i hela höger sida från stortån upp i nacken och har blivit sned i kroppen. Och några operationer fick jag göra. Men tack vare en underbar sjukgymnast, i många år, kan jag nu gå och röra mig relativt bra igen.

När jag sedan låg där i mina fruktansvärda smärtor, tänkte jag igenom mitt liv.

Vad är meningen? Vad ska jag göra?

Det var då jag tog mitt livs största beslut. Jag tog ut skilsmässa. Jag förstod att vår tid tillsammans hade gjort sitt.

7

Jag behövde min ensamhet, (tillsammans med mina änglar och den andra sidan). De första sex månaderna sov jag i princip bara. Jag fick ta väldigt starka tabletter för mina smärtor. Sakta men säkert kände jag hur livet kom tillbaka med nya krafter.

Jag njöt av min ensamhet och gör det fortfarande. Jag fick mer och mer budskap i mina meditationer. Gjorde en regression om tidigare liv. Och det var då som polletten trillade på plats, som man brukar säga. Ett liv fick jag, men det räckte. För det var det livet som öppnade upp mina ögon. Det var det jag behövde för att kunna förstå mig själv. Vem jag är i dag. Jag fick tillbaka en del av mig själv. Och jag vet nu min uppgift här på jorden.

Efter det, har jag fått se andra tidigare liv, som hänger ihop med detta jag har i dag.

Men, lite snabbt tillbaka till livet efter olyckan. Som jag skrev innan, både ser och hör jag saker som inte alla uppfattar.

Jag får enormt mycket kraft, energi och hjälp ifrån naturen och mineralerna.

En gång kom jag i kontakt med en "kristallfamilj", som bodde i en stor klippa. De hjälpte mig vid några tillfällen med sina frekvenser att läka bland annat mina ben.

Naturen överhuvudtaget är min stora kraftkälla.

Jag bara följer mina steg, så kommer jag rätt, dit jag ska just då.

Öppnar mina sinnen och bara är. Det är då magin händer, för mig.

Kul att du fortfarande hänger med i texten, så att jag inte har skrämt bort dig.

Ibland kan jag vakna på natten och bara veta, att jag ska ta fram vissa kristaller och lägga i mitt fönster, för att underlätta för vissa portaler som ska öppna sig i Universum. Det är också något från tidigare liv.

Jaha, det var lite om mitt liv.

Nu hoppas jag verkligen att Du får glädje och nytta utav min bok och mina kanaliserade meditationer.

Jag önskar Dig varmt lycka till.

Och du kan känna dig helt lugn, när du gör meditationerna.

Aila

Ametistfamiljen

Ametistmannen för ner energier från Universum i blått, som riktas mot olika kristaller på olika planeter. Så bildas det kristallina energinätet, som täcker hela jordytan, som ett stort geometriskt mönster. Och på sätt höjer sig jordens medvetande.

Mamma Bergkristall, hjälper också till att ladda energinätet med den kraftiga och rena energin. Hon hjälper till att ändra riktningen på energin, där det behövs. Så det blir lättare att uppmärksamma länken mellan universums rena och ljusa energi till alla varelser på jorden.

Minstingen Blå Bandagat, hjälper till med sina energier så att man får mod att visa sitt sanna jag och möta andra med respekt, värme och uppskattning.

Fröken Citrin hjälper till at förmedla sina energier med att stimulera det intuitiva jaget och gynna kontakten med den högre intelligensen. Hon ökar förmågan till fokus, målmedvetenhet och positiv inverkan på utbildning.

Buspojken Smaragd, bidrar med att förmedla högre visdom och inspirerar till ärlighet med diplomati. Han för in harmoni och trygghet, så du kan öppna upp för kärleken. Både ge och ta och ökar din mentala kapacitet.

Inne i skogen, i deras klipphäll. Där uppe på taket, där finns en landningsplats för kristallhealingsenergi.

Likaså även under jorden. Så massor utav älvor, devor och troll, dras dit.

Buspojken Smaragd, är väldigt intresserad av healing och örter.

Så det kommer massor utav olika naturväsen till honom för att få hjälp med diverse saker som kan hjälpa människor och deras arbete till naturen och liknande, fast människorna inte alltid är medvetna om det.

Det som tillhör naturen brukar The Green Man hjälpa till med eftersom hans kunskap är ovärderlig.

När vinden rapporterar om någon annalkande fara eller katastrof, genom deras vänner träden.

Då är det alltid The Green Man som snappar upp det först. Eftersom han kan varje ljudskillnad i naturen.

Träden på hela jorden kommunicerar med varandra.

Ibland kan människorna på jorden kommunicera med träd och trädstammar.

Ibland kan det låta som om det knakar och sprakar uppe i trädkronan, ibland är det trädstammen som skickar ut ett dovt muller.

Lilla fröken Citrin, som ju är nyfiken utav sig, sitter gärna och lyssnar på trädens historier om världen runt omkring. Hon ser det som bilder som spelas upp framför henne, som i en film.

Men, allt är ju inte trevligheter, som händer ute i världen. Hon känner även utav trädens sorg och smärta, när människor hugger ner träd utan anledning.

De vet inte att även träden har en själ och känslor.

Även de så kallade döda träd har energi kvar i sig, i sin ande.

Så, om du måste hugga ner ett träd, prata med det först.

Så trädets ande och devor, kan hitta ett nytt hem.

Annars blir det kaos även för dem.

Likaså även när du plockar blommor, örter och dylikt, glöm inte att prata med dem först.

Deras bostadsort är i ett naturreservat, där det är lätt att få kontakt med Moder Jords innersta kristallkärna och ut till dom andra dimensionerna.

Buspojken Smaragd, brukar baka bröd med "hemliga" ingredienser. Och det uppskattas inte alltid, eller rättare sagt, aldrig.

Speciellt inte när man blir lite "vimsig i plymen", och glömmer att hoppa av på en annan planet, för att få viktig information, med sig hem.

Men, han är ju nyfiken på sin inspiration, att få blanda och experimentera som han själv vill. Även om han vet att det blir fel ibland.

Men, han vet också, hur man kan bota det.

En gång, skulle Ametistmannen och The Green Man, ut på uppdrag in i Moder Jord, då hade han gjort goda nyttiga plättar till deras glädje. Men de visste ju inte till hans extra ingrediens, som var glömska. Så de kunde inte koncentrera sig på uppdraget. De glömde att byta ut en av de underjordiska vagnarna!

(Och det blev inte roligt för Smaragdpojken efter det. För han fick inte vara ute i skogen själv, utan The Green Mans överseende.)

Hela uppdraget blev fel och det blev en jordbävning, som egentligen inte skulle ha inträffat.

Nåväl, tur i oturen, omkom inga folk varken på jorden, eller inne i Moder Jord.

Men det kristallina nätet runt om jorden och i jorden fick en rubbning. Men med hjälp av deras kloka mamma, Fru Bergkristall, så kunde hon med sina energier, hålla uppe balansen både på jorden och ute i Universum.

The Green Man, fick ett stort jobb med att få alla träd att samarbeta med varandra både på och inne i jorden.

Ack, ack, så galet det kunde ha blivit.

Fröken Citrin, är ju så nyfiken att hon ibland försöker smyga sig på Ametistmannen när han har hemliga möten i berget.

Då har hon hittat en mossplätt, som är så mjuk och skön att hon ibland "råkar" somna där, och kan tjuvlyssna på sin fars möte.

Givetvis springer hon inte och skvallrar, över vad hon har hört. Hon är bara så nyfiken och vill veta allt (som är en av citrinens egenskaper)

Hon tar in alla känslor och smakar på dem och värdesätter dem.

Hon dömer aldrig någon på grund av deras val.

Sen har vi ju lillpojken Blå Bandagat och han brukar höras i hela naturreservatet, när det är något han inte gillar. De pratar inte, men gör sig förstådda med tanken och energierna.

Men, när något inte passar lillpojken, så ser han till att hans energier vibrerar väldigt högt, så att det gör riktigt ont i allas öron. Han vibrerar i vita och ljusblå energier. Det kan vara så högt, att till och med djuren i skogen drar sig undan. Örnarna flyr från trädtopp till trädtopp, ibland får de flyga flera mil. Granarna kan tappa sina barr i ren förtvivlan, tills lugnet återfås, och lillpojken kommer på något annat.

En gång, var vibrationerna så höga, att en del av berget sprack. Det är i den sprickan Fröken Citrin har sitt gömställe.

Mamma Bergkristall är så öppen i sin energi och ser all energi i allt. Hon öppnar även upp för energin i allt. I mineraler, ute i naturen och även i människorna öppnar hon upp, för att stärka deras högre medvetande.

The Green Man, han har verkligen koll på allt i naturen. Han kan även ta gestalt av allt där, så att han inte syns så lätt, eller inte alls skulle jag vilja säga.

En gång var Ametistmannen på resa in i Moder Jords urkristall och det blev ett riktigt äventyr kan du tro.

Det var några kristaller som skulle riktas i ett visst läge. Så Ametistmannen var speciellt inkallad för detta uppdrag.

Men, ve och fasa, ett kristallkluster kunde inte uppfatta energierna. Något hade blivit fel! Men, som tur var, så fick de hjälp ifrån Universums skola och lillpojken Blå Bandagat.

Med gemensam hjälp så blev energierna så höga att klustret kunde uppfatta energierna från dem och på så sätt vidarebefordra energierna in i Moder Jord. Tack och lov så hjälpte detta, så att alla energier blev rätt, så hela jordskorpan kunde höja sig.

Och Ametistmannen kom hem igen med lillpojken Blå Bandagat, som han hade varit tvungen att åka hem och hämta.

Fröken Citrin är jätte duktig på att ta kontakt med solen och alla dessa energier. Så hon är ofta uppe på denna planet.

Hon hjälper även till att förstärka det Gyllene ljusets geometriska kraft, runt jorden.

Healing av ametistfamiljen

En morgon efter en av mina operationer, sätter jag mig i meditation. Jag hamnar ute på B J (som är min kraftplats).Vid berget, som har "staden ovanför", med det Vita Templet.

Jag kommer in i Templet, men vet att jag inte ska vara där. Utan jag ser en vit stråle, vid en annan plats. Där har bildats ett stort pentagram i vitt och guld, i ca 6 cm tjocklek, med en cirkel runtom.

Jag vet ju, att det är i mitten av denna som jag ska sätta mig, eftersom jag har varit där förut.

Då kommer Ametistfamiljen till mig. Herr Ametist och Fru Bergkristall, svävar runt omkring mig med sina underbara energier. Allt känns så lugnt och tryggt. Buspojken Smaragd, går in i mitt knä och helar. Lägger några örter på det opererade området. Flickan Citrin, talar med en oerhört mild och mjuk röst, direkt till mitt ben och förklarar vad som har hänt. Minstingen Blå Bandagat, han har som sagt oerhört höga vibrationer.

Han sjunger en sång till benet i en väldigt hög vibration, så att energierna ändras till rätt frekvens igen. En oerhörd lyckokänsla genomträngde mig.

Jag kände mig som en jätte, jämfört med dessa små kristaller. Men dessa små kristallfolk, deras energier är så oerhört starka och kraftfulla, så de är ju ändå mycket större än mig.

Jag såg även hur skogens djur tittade nyfiket fram. Träden berättade för varandra vad som hände och skickade det vidare i vindarna. Vattnet skickade också det vidare i bäcken och den porlade så rofyllt under hela behandlingen.

OJ VILKEN MORGONMEDITATION.

TACK ÄLSKADE KRISTALLFAMILJEN OCH SKOGENS UNDERBARA KRAFTER.

12 kanaliserade meditationer

- Gult energiljus
- Vit energiboll
- Den gyllene stigen
- Vattnets budskap
- Se dig själv med dina inre ögon
- Dansa med din själ
- Tvärdrag i baschakrat
- Rosenbersån
- Din egen igloo
- Kärlek
- Metalliskt ljus från universum
- Ängelns andetag

Gult energiljus

Sätt dig tillrätta, så att du sitter bekvämt och har dina handflator vilande uppåt i dina knän.

Andas in genom näsan och ut genom munnen.

Tänk, på att dra ner andningen långt ner i magen, så att den buktas ut på din inandning och sjunker ihop på din utandning.

Fortsätt andas i din egen takt.

Nu ska du föreställa dig, att du sitter i en bubbla. Där det endast finns klart gult ljus. Det drar du in genom din näsa med din inandning och drar ner det genom hela din mage. Med din utandning följer gammal stagnerad energi.

Fortsätt dra in det klara gula energiljuset. Andas så ett tag.

Efter ett tag kommer du nog att känna, att det kan spänna i din mage eller kanske även göra ont.

Det kan kännas som små kraterhål eller en brännande smärta.

Det är den gamla stagnerade energin som löses upp och ersätts med den nya rena gula energin, som ska finnas där.

Det finns en liten oljelampa, som liknar Aladdins lampa, som är gjord i renaste guld. Den innehåller den rena gula energin. Du kan fylla i dina "hål", med denna lampa. Bara häll i alla dina sår/hål. Det kommer att läka, alla dina blockeringar som har satt sig i din mage under alla år. Det är där vi förtrycker mycket, både av det inre och yttre och försöker att glömma.

Bara fyll dig med ny frisk gul energi, in i dina tarmar och alla dina inre organ och allt som du känner att du vill fylla på.

När du känner att du är påfylld, se på ljuset. Är det någon skillnad? Ja! Du lyser mycket klarare nu och kan gå ut och möta livet och olika konflikter på ett helt annat sätt nu.

Du kan se och känna världen med andra ögon i ödmjukhet och äkta visdom. För du vet nu, att allting kommer någonstans ifrån och utav någon anledning. Och, du har alltid din lilla Aladdin lampa att fylla med dig.

När du känner dig redo, kom tillbaka i din egen takt.

Vit energiboll

Sätt dig bekvämt med rak rygg.

Antingen i lotusställning eller med båda fötterna i golvet/marken, med händerna ihop. Som Lucia.

Slut dina ögon och tag några djupa andetag, så att du varvar ner.

Fokusera på din andning. Känn att det blir en lugn rytm och att hela din kropp slappnar av.

Var observant på din kropp. Hur känns den? Känns det likadant på höger som på vänster sida? Bara känn... döm inte... Jaha, så här är det i dag.

Kanske kan du känna ett pirrande i dina händer? Fortsätter det upp i dina armar? Över bålen och ryggen? Ner genom dina ben och fötter?

Om du inte känner något så är det också helt ok.

För din kropp vill kanske inte det i dag? Vad vet jag?

Bara känn din kropp och lyssna på den.

Känns den lite trött och slö?

Nu skall den få extra energi.

Öppna upp ditt kronchakra, det sitter högst upp på ditt huvud. Bara tänk dig, att det finns en cirkel uppe på ditt huvud. Hur stor den är, det bestämmer du själv.

Det kommer ett vitt ljus från Universum, och det kommer ner i ditt kronchakra. Så med din nästa inandning, drar du ner detta vita ljuset genom hela din kropp. Även om du andas ut, så fortsätter det att flöda, så du fyller hela din kropp, ner genom benen och ut genom dina fötter. Antingen under fina fotsulor eller genom dina tår, det spelar ingen roll. Det är din kropp, så låt den bestämma hur den vill göra.

Sitt nu en stund och bara andas in det vita ljuset. Efterhand som du andas in det vita ljuset och det kommer ut genom dina fötter, så blir det till sist, att det blidas en vit energiboll runt om dig.

Kan du se eller känna den?

Fokusera på dina händer.

Kan du känna energin mellan dom, eller kanske se den?

Lägg dina händer någonstans på kroppen.

Kan du då känna energin från dina händer?

Känns det annorlunda?

Du har nu fyllt på med extra energi i hela din kropp och är nu "fulladdad".

Kom nu sakta tillbaka i din egen takt.

Den gyllene stigen

Sätt dig bekvämt och koppla av i hela kroppen. Känn din tyngd gå ner i din ryggrad, ner i dina ben och fötter.

Känn, hur dina fötter blir tyngre och tyngre. Du sjunker längre och längre ner i Moder Jord. Du är nu jordad och står tryggt med båda fötterna på jorden.

Se nu framför dig en äng på en försommardag. Du befinner dig nu på denna ängen och du känner en ljum vind som smeker ditt hår, ansikte och dina bara armar och ben.

Titta nu runt lite. Men... känns det som om ditt sinne är lite tungt? Känner du dig nedstämd och kluven?

Har du svårt att se det fina på ängen?

Då, plötsligt, hör du ett fågelkvitter. Du är bara tvungen att titta upp mot skyn. Då ser du hur träden har börjat blomma. Det är japanska körsbärsträd som står i full blom. Och du både ser och hör fåglarna och njuter av deras kvitter.

Du ser till och med solens strålar som tränger sig ner genom trädens bladverk. Solens ljus ser ut som gyllene strålar nere på marken. Och nu kan du även känna hur dina fötter står på det mjuka gräset.

Du blir överväldigad av att se allt detta. Du känner att du måste sätta dig ner. Du väljer ut ett träd och sätter dig med ryggen mot dess stam. Bara slappna av och känn in trädets energi. Till sist pulserar ni i harmoni med era hjärtslag, ditt och trädets.

Du känner att du får mer och mer energi och solen bildar en gyllene stig åt dig. Följ den!! Och du känner hur allt som tyngde dig nu är borta. För ALLT går att lösa. Och det är ju trots så, att det är av svårigheterna som vi växer.

Du har nu gått på Din gyllene stig och dina problem är nu mycket lättare att lösa, eftersom du nu vet, att du alltid kan komma hit och få ny energi.

Varje besök hit ger en ny resa med ny insikt. Så följ Din gyllene stig med Dina hjärtslag.

Du har nu kommit tillbaka där du började din vandring, så när du känner dig redo, kommer du tillbaka i din egen takt. Lycka till med allt du tar dig för.

Vattnets budskap

I dag ska du föreställa dig att du sitter i en roddbåt ute i en sjö eller ute på ett hav. Det bestämmer du själv.

Även om du inte tycker om vatten och båtar, så kan du vara lugn för det är ingen fara.

Mitt emot dig sitter ditt Högre Jag och tar hand om årorna, så du kan vara helt lugn.

Andas nu in vattnets doft. Ta några djupa andetag, det är helt stilla och båten guppar lite rogivande ihop med några små vågor på vattenytan.

Du känner hur du slappnar av mer och mer. Det är så rogivande med vattnets kluckande, att du glömmer allt annat.

Fortsätt att andas in vattnets doft och du kan nu känna av vattnets energi. Hur känns det i din kropp?

Med din andning, kan du nu följa med vattnets energi, ner i vattnet.

Vad händer där nere på havsbotten?

Har du varit här nere förut?

Se dig omkring. Följ med i vattnets lugnande energier.

Finns här några ovanliga snäckor eller fiskar?

Är sanden mjuk och fin här nere?

Ta dig tid att titta efter.

Lite längre fram ser du en sanddyn, tag dig dit.

Då ser du att det är något skrivit i sanden. Det är ett meddelande till DIG!!

Läs det och tag in det i ditt hjärta.

Hitta du inget i dag, så gör det inget. Du kan bara göra om övningen igen. För jag vet att det finns ett meddelande till dig här.

Följ nu vattnets mjuka rörelser tillbaka upp i båten. Och du och ditt Högre Jag ror tillbaka till stranden igen.

Innan du går av båten, glöm inte tacka ditt Högre Jag för rodden och kärleken till dig.

Se dig själv med dina inre ögon

I denna meditation kan du välja om du vill ligga ner eller sitta upp.

Om du väljer den liggande, då ska du ligga på rygg. Ev. ha en liten kudde under din nacke och dina knän.

Om du väljer den sittande, då ska du sitta med rak rygg i en avslappnad ställning som du tycker bäst om.

Vi börjar med att ta några djupa andetag, djupt ner i magen så att vi slappnar av.

Känn hur hela din kropp blir tyngre och tyngre utan att du somnar. Fortsätt att andas lugnt och harmoniskt, i din egen takt.

Nu ska du ställa dig framför dig själv. Eller, i varje fall känna att du separeras från din fysiska kropp.

Titta på dig själv!

Vad ser du?

Hur känns det?

VISST ÄR DU UNDERBAR!

Och det bästa av allt. Det finns bara EN av dig. Det är det som gör dig så speciell.

Kan du se eller känna alla dina gåvor, som du har här i detta livet?

Håll det inte inne -SLÄPP UT DET TILL OMVÄRLDEN!

Vilka är dina styrkor?

Vilka är dina svagheter?

Bara titta på dig själv med kärleksfulla ögon och ge dig själv kärlek. Det har du kanske aldrig gjort tidigare? Då är det verkligen på tiden.

Även om det just nu är svårt att separera dig från din fysiska kropp, så går det ändå bra att göra denna övning.

Desto mer du tränar desto lättare blir det, som med allt annat.

Nu kan du komma tillbaka till din fysiska kropp igen.

Landa mjukt och försiktigt i din egen takt.

Välkomna dig själv, till resten av ditt nya liv, som du kommer att se med andra ögon.

Dansa med din själ

I denna meditation ska du röra på dig.

Om du är rörelsehindrad, så vet du - att allt är möjligt, och du gör det på ditt eget sätt.

Vi ska börja med en gångmeditation. Sätt gärna på lite lugn musik som du tycker om. (Om du vill ha musik på).

Gångmeditation är - att du ska gå ihop med din andning.

Alltså - i din utandning. Börja med att sätta ner din häl i golvet och sedan fortsätter du med att sätta ner hela din fot, ihop med din utandning.

Sedan upprepar du detta med din andra fot.

Prova några gånger, du kommer snart in i det. Det är inte så svårt som det kanske verkar att vara.

Ha dina ögon öppna, i alla fall i början. För annars kan man bli yr.

Så, har du kommit in i din gångmeditation nu?

Visst är det härligt?

Nu ska du fortsätta med att dra upp energierna i dina ben, knä, höfter och mage.

Det gör du med varje inandning. På så sätt kommer du att känna energierna mer och mer.

Du känner nu att du vill röra på kroppen.

GÖR DET!

Gör nu det kroppen vill. Din själ älskar att röra på sig. Bjud in till en dans med din själ och dansa så länge du vill och orkar.

Sen, när du känner ett lugn komma över dig. Då är det dags att tacka för dansen.

Och du tar ett par djupa andetag och kommer tillbaka till verkligheten.

Du känner ett inre lugn i din kropp. Och du tar dagen med nya krafter, eller så sover du gott.

Lycka till, du fina ljus på vår jord.

Tvärdrag i baschakrat

Sätt dig bekvämt med dina handflator mot dina knän. Och slappna av i hela kroppen. Koncentrera dig på din andning och känn hur den går hela vägen ner till din mage.

Känn att du blir tyngre och tyngre för varje andetag.

Nu går andningen ner i dina ben och ut igenom dina fötter.

Känn hur det växer ut trädrötter under dina fötter. Rötterna går ner till Moder Jord och du jordar dig nu.

Kan du också känna hur trädets energi går in i din kropp?

Så att din rygg blir trädstammen och ditt huvud blir trädkronan?

Sitt så en stund och bara känn in din kraft.

Nere vid trädrötterna kan du gå in. Du ska nämligen öppna ditt baschakra, det finns nere vid din svanskota. Kan du känna det?

Där finns 2 dörrar. Öppna den ena. Du ser en röd energi, allt är rött.

Hur ser det ut? Det kan finnas många olika röda nyanser och se ut på olika sätt.

Kan du känna kraften? Det är DIN urkraft.

Nu öppnar du den andra dörren. Även här är allt rött. Ser det likadant ut? Eller är det någon skillnad? Luktar det något?

Nu ska du ställa dig i mitten, så att det blir tvärdrag mellan dörrarna.

Antingen blir det en stilla vind eller så en rejäl storm.

Oavsett, så står du stabilt och är ordentligt jordad.

Kan du nu känna jordens doft eller förnimma en doft eller smak av järn?

Det är Moder Jord och DIN egen urkraft som gör att vi står stadigt på jorden. Vi är ETT. Moder Jords mineraler är det samma som vi har i vår kropp.

Känn DIN styrka. Kan du känna att det pulserar i dina fötter?

Stäng nu dina dörrar. Det är dags att komma tillbaka.

Gå upp till trädkronan och drag ner den ihop med trädstammen, fortsätt ner till dina fötter och drag upp dina trädrötter. Och kom tillbaka i din egen takt. Ta ett djupt andetag. Hur känns det nu?

Välkommen tillbaka för nya utmaningar i ditt liv.

Rosenbersån

Sätt dig bekvämt och slappna av i hela din kropp.

Låt dina tankar passera. Lägg ingen energi på dem.

Känn hur du blir tyngre och tyngre i hela din kropp.

Följ din andning ända ner till magen.

Föreställ dig nu hur du ser en rosenberså. Gå dit. Du står nu framför den.

Gå in i den.

Där växer röda rosor. Du stannar här en liten stund och bara njuter av den underbara doften och du ser hur de slår ut. Känn på dem, hur känns de? Andas in den underbara doften. Du går nu igenom denna berså och kommer till nästa.

Där växer det orange rosor. Även här stannar du upp och ser hur de slår ut. Hur luktar de? Hur känns dessa? Bara njut av deras skönhet och doft.

Du går nu igenom denna berså och kommer till nästa.

Där växer det gula stora rosor. Och även här upplever du hur de slår ut när du kommer in i denna berså. Hur är lukten här? Och, hur känns dessa? Känns de annorlunda? Bara stanna och njut. Nu fortsätter du till nästa berså.

Bara gå rakt igenom så kommer du till nästa.

Nu kommer du till rosa rosor. Hur växer dessa? Hur ser de ut och hur luktar de? Är de stora eller små? Många eller få? Bara lukta, känn och njut. Så, nu fortsätter du till nästa berså.

Där växer det blå rosor. Har du sett det förut? Men, det är faktiskt så. Hur känns dessa och hur luktar de? Ta dig tid att studera dem. Nu fortsätter du.

I denna berså växer det lila rosor. Även de slår ut, när du kommer in. Hur ser dessa ut och hur är doften här? Hur känns de? Ta dig tid att utforska! Nu har dina energier höjts och vi fortsätter in i en park av vita rosor. Rosorna slår ut mer och mer efterhand som du går runt här.

Du ser en bänk, inne i rosenhavet. Gå dit. Sätt dig och bara njut av härligheten i rosenhavet.

Det kan hända att du får sällskap. Kanske av en avlägsen släkting eller ett budskap av någon annan. Sitt bara i lugn och ro, så hämtar jag tillbaka dig om en stund.

Nu, är det dags att tacka. Du reser dig upp och går ut ur parken.

Rosorna drar ihop sig i och med att du lämnar parken.

Likaså när du går igenom de lila rosorna, de blå rosorna, de rosa rosorna, de gula rosorna, de orange rosorna och slutligen de röda rosorna.

Men, de är alltid i knopp inför nästa besök. Så välkommen tillbaka.

Din egen igloo

Ibland när man har för mycket omkring sig kan man känna sig stressad.

Då kan det vara skönt att hitta sitt inre och "svalka av sig".

Leta upp ett ställe där du kan vara i lugn och ro. Om du är inne eller ute spelar ingen roll.

Sätt dig i en bekväm ställning med så rak rygg som du kan.

Börja med att ta 3 djupa andetag och känn hur du slappnar av mer och mer i hela kroppen.

Känn att du sitter på en mjuk fäll inne i en fjällstuga. Framför dig har du en sprakande brasa som luktar så ljuvligt och knastrar så underbart i dina öron.

Sitt här ett litet tag och bara njut av din andning och tystnaden. Lyssna till den sprakande brasan och känn lukten från veden.

Utanför fönstret faller snön och där ute finns en igloo som du har byggt innan i dag av nyfallen snö.

När du sitter framför brasan kan du släppa all stress och negativitet som har samlats i dig. Bara "släng" in det i elden och låt det brinna upp. Ta allt som kommer upp i dina tankar och som du inte vill ha mer. In i elden, det är nu förbrukat.

Du kan nu ta dig till din igloo även där är det varmt och mysigt, dock lite svalare. Här finns en stor varm fäll som du kan ta om dig om du vill.

Men även här finns det en eld som lyser klar och stark.

Känn efter var i kroppen du känner att det finns en ilska, irritation eller liknande. Be då din kropp att släppa detta, låt det gå in i elden. Förlåt din kropp för allt onödigt som du har låtit den få utstå.

Känn, hur du lämnar allt gammalt.

Du känner dig lättare och renare i kroppen.

Sitt och njut av din nya erfarenhet en stund.

Om du har varit i din egen igloo, så kan du nu gå tillbaka till fjällstugan.

Du förflyttas med tankens kraft.

Sitt en liten stund. Tag ett djupt andetag och kom tillbaka till din verklighet.

Där du känner dig lugnare, tryggare och starkare i kropp och själ.

Kärlek

Sätt dig bekvämt med rak rygg och händerna vila på dina knän, med handflatan uppåt.

Ta nu 3 djupa andetag, in genom näsan och ut genom munnen.

Känn hur du slappnar av i hela din kropp, du får en behaglig tyngd och avslappning samtidigt.

Förställ dig nu, att du står framför din egen kropp.

Fokusera på ditt hjärta.

Nu ska du gå in i ditt allra innersta hemliga hjärterum, som du kanske inte visste fanns?

Hjärtat har vi ju fått lära oss att det pumpar runt blodet för vår överlevnad och det är ju sant. Men, där innanför, där finns vårt hemliga rum.

Likväl som du kan expandera så kan du göra dig minimal.

Gör så och våga öppna din hjärtedörr.

Det är kanske första gången du är där? Du tycker kanske att det ser rörigt ut? (som i en källare eller ett vindsförråd)

Fast med massor känslor i stället.

Du upptäcker hårda ord som är sagda i ilska när du har blivit sårad eller så. Ta det första som kommer till dig. Det som någon sa för länge, länge sedan. Som du tog så illa vid dig och aldrig har velat släppa.

Ta tag i den upplevelsen igen och försök att få en annan känsla i den. Titta på det från en annan vinkel. Visst är det onödigt att ha dessa taggar i ditt fina kärleksfulla hjärta? Skicka din kärlek till situationen.

Du kanske hittar det lilla sårade barnet som suttit skrämt eller förvirrat i ett hörn och aldrig vågat ta sig ut? Ta detta inre barnet i din famn. Berätta att du älskar det och att det är dags att komma ut och fram nu. Det behöver inte vara rädd och ängslig längre.

Du har lärt dig din läxa nu. Du kan både ge och ta emot kärlek nu.

Tacka för alla händelser och skicka kärlek till alla situationer.

Du kommer förmodligen att få upprepa denna meditation ett antal gånger, tills ditt rum lyser som ett städat rum, men i renaste kärlek.

Kom tillbaka i din egen takt och med öppet hjärta.

Metalliskt ljus från universum

I denna meditation, ska du ta in det nya ljuset från Universum och manifestera det i din kropp. Du tar nu 3 djupa andetag och slappnar av i din kropp. Du känner hur du blir mer och mer avslappnad. Dagens alla måsten, bara passerar, utan att du lägger någon energi på det.

Föreställ dig nu, att du är ute. Var? Det bestämmer du själv.

Men, du sätter dig på en sten och du känner den ljumma vinden mot ditt ansikte.

Du hör fåglar sjunga en vacker sång, på avstånd.

Du tittar upp mot en vacker klarblå himmel. Med lite små vita puffiga moln.

Du känner energin i luften och din kropp, som nu är helt avslappnad och rofylld.

Men, så dras dina ögon till ett visst moln där uppe, som är rosa i stället för vitt.

Och detta moln vidgar sig och kommer närmre och närmre dig och den plats som du sitter på.

Molnet är nu så nära, att du kan se alla små partiklar av färger i det.

Du ser att det skiftar i rosa och lila olika nyanser.

Du ser även att det skiftar i metallic partiklar i färgerna.

Det kommer närmre och närmre. Till sist så sveper det runt din kropp. Det känns som om du får en skön filt runt dig.

Sitt så en stund och bara känn värmen från Universums moln.

Du känner hur det går in i din kropp på cellnivå.

Du tillåter att det färdas runt om i hela din kropp. Med din andning så hjälper du det att forslas runt.

Du känner en inre styrka av det och du får ett nytt medvetande och ser saker och ting med andra ögon.

Du har nu fått en del utav Universums universella kraft och kunskap.

Förvalta den väl, så vägleder den dig i ditt nya liv.

Kom sedan tillbaka i din egen takt.

Ängelns andetag

I den här meditationen vill jag att du ska förstå, att alla inte ser samma sak. Som till exempel änglar eller guider. Eller de på andra sidan. Utan det är en känsla eller vibration som ändras.

Sätt dig i lugn och ro i en bekväm ställning för dig. Du kan ha levande ljus tända om du vill, eller kanske lite mjuk fin musik i ett dämpat tonläge. Men det är absolut inget tvång.

Känn, hur din kropp samlar ihop sig. Du känner tyngden i dina sittben om du sitter, eller i ryggen om du ligger.

Andas lugnt och stilla. Följ med din andning långt ner i magen. Gör så i några minuter, så att du blir lugn, trygg och avslappnad.

Låt dina tankar bara passera i ditt huvud. Ha ingen stress eller prestationsångest över att du SKA uppleva något.

Bara följ din andning och känn dig trygg i dig själv.

Känn efter, hur känns det i din kropp? Lite ont här och lite pirr där? Det är helt ok och normalt. Bara njut av tystnaden eller lyssna på musiken.

Det är bara du, just nu.

Sjunk in i din kropp och följ hjärtats slag. Det är så rogivande och lugnande. Bara bli där en stund, bara slappna av.

Kan du känna, att något nuddar vid dig? Eller kanske en liten svag bris eller något liknande, en doft eller ett minne? Be i så fall, att få känna, lukta eller se det igen.

Även om du tror att det är inbillning, så tror inte jag att det är så. Utan kanske din första kontakt med någon. Det kan vara en avlägsen släkting, vän, guide eller ängel som bara vill säga - Jag är alltid med dig.

Nu, kan du komma tillbaka igen i lugn och ro, i din egen takt. Sträck lite försiktigt på kroppen.

Välkommen tillbaka.

Händer inget första gången, var inte rädd för att prova igen.

Avslutning

Tack för allt stöd och omtanke, under alla år, till min familj, släkt och vänner.

Tack Suzy Linné, den bästa sjukgymnast man kan tänka sig, som har hjälpt mig att förstå mina smärtor och skador.

Tack Ulf Janerot, min underbare läkare, som remitterade mig vidare och gjort sitt bästa.

Tack Richard och Sandra Jenders för en fantastisk fotodag.

Tack Lariella, min underbara själsvän, för att du har hjälpt mig att göra denna bok.

Tack till alla andra som är med mig fast ni inte alltid syns.

Tack för att DU har läst min bok. Gå nu med kärlek i hjärtat och möt världen med ett leende.

Aila